带你漫游“职工之家”APP

（2025 年修订版）

本书编写组　著

扫码下载 APP!

中国工人出版社

目录

扫一扫，听全书音频

“娘家人”喊你回家！

“00 后”小龚出生在南方某省，职校毕业的他选择进厂打工，并在工厂加入了工会，还领到了工会会员证。2024 年 7 月，听说工会会员专属 APP——“职工之家”上线了，小龚第一时间下载并进行了实名认证。打开 APP 上的工会数字身份卡包，小龚惊喜地发现，里面不仅清楚记录着他的入会时间、注册区域、所属工会和所在单位，还能实现一键转会。

相较于小龚生活的风平浪静，最近，他的工友小任有点儿上火。工厂老板以小任周末没有完成工作为由，不仅开除了小任，还扣发了小任当月的工资。更要命的是，小任当时图省事，没和老板签订劳动合同。小任又气又悔。此时，小龚想到了“职工之家”APP 中的“12351”功能，“职工有所呼，工会有所应”。在他的建议下，小任很快将自己的遭遇如实填写提交。

当天下午，小任就接到了工会干部小慧核实情况的电话。随后，小慧又多次来电询问细节。“你与单位已经构成了事实劳动关系，哪怕没有劳动合同，工会也可以帮你维护合法权益，你就放心吧！”小慧的话让小任的心里暖暖的，也让小龚对“职工之家”APP有了更深的认识。在工会的帮助下，老板很快“认怂”了，不仅足额支付了拖欠的工资，还向小任道了歉。

小任的“官司”打赢了，小龚为小任感到开心的同时，也对自己的职业未来感到担忧。抱着试试看的想法，他在“职工之家”APP的“就业帮扶”中留下了求职信息，没想到两家企业相继联系了他，考过焊工证的小龚很快就和其中一家签订了劳动合同。

入职后，APP中的“技能学习”成为小龚最喜欢点击的模块。“这里不仅有很多实用的焊接知识，还能帮助我解决工作中遇见的难题。”看着APP中的“劳模工匠”模块中展示的大国工匠风采，小龚羡慕极了，他留言说：“我也要努力成为一名优秀的工匠！”很快，留言被回复：“工会组织十分鼓励职工提升技能，如果有困难可以和当地工会联系！”

“没想到，一个APP居然能起到这么大的作用！”小龚继续留言感慨。“其实APP里还有很多等待你解锁的强大功能呢，我来带你一起漫游吧！”一条回复又弹了出来……

◉ 工会数字身份卡包

卡包在手　即刻畅游工会世界

工会数字身份卡包是为每一位工会会员推出的数字身份认证工具，每个数字身份都是唯一的，方便会员随时随地进行身份认证和权益查询，如领取工会荣誉证明、各类优惠券等。用户在“职工之家”APP激活数字身份后，即拥有畅游“工会系”互联网世界的通行证，实现全国工会网上平台的一口进入、一键全通。

“职工之家”APP通过工会数字身份卡包进行实名认证。这一措施确保了工会会员身份真实性和信息安全，可以有效防止冒名顶替和虚假会员，确保服务对象身份真实，从而提供精准服务，保障工会会员合法权益不被冒用或侵害。同时，实名认证也能增强各类服务和交易的安全性，防止诈骗和信息泄露。

工会数字身份卡包申请步骤

激活身份	在“职工之家”APP卡包中激活工会数字身份
实名认证	填写姓名、身份证号，人脸扫描进行实名认证
审核通过	系统自动审核，通过后即可获得会员身份证明 （注：若不是工会的实名制会员则获得注册用户身份证明）
下载使用	审核通过后，会员身份证明自动下载到卡包，可以直接使用

◉ 大思政课

发挥工会“大学校”作用　深入推进思政引领

“中国工人大思政课”，是全国总工会贯彻落实党中央重大决策部署和深化产业工人队伍建设改革的重要举措，旨在深入推进职工群众思想政治引领建设工程，做到“以政启人、以情动人、以理服人、以常化人、以阵地聚人”，把思政引领融入工会工作全过程、各方面，更好发挥工会“大学校”作用，团结引导广大职工听党话、跟党走。

“职工之家”APP 中的“大思政课”功能模块设有“学习时刻”、“思政课堂”、“思政之声”、“红色展厅”、“榜样人物”、“每日一学”等学习频道，还设立“蹲点思政课”、“劳模讲述”、“岗位思政课”、“思政微剧场”、“专题思政片”等专题栏目，包含大讲堂、微电影、短视频、广播剧等形式多样的音视频课程 1000 余节。在这里，用户可以参加丰富有趣的线上主题活动，通过各种形式的学习活动，不断深入学习领悟习近平总书记围绕工人阶级和工会工作发表的一系列重要论述，传承好、发扬好劳模精神、劳动精神、工匠精神，让辛勤劳动、诚实劳动、创造性劳动成为广大

职工的自觉行动。同时，“大思政课”还上线了红色展厅、思政故事箱、思政书坊等内容，既突出工会特色又创新话语表达，让思政教育更有生气、更见神采。

“大思政课”功能围绕党的创新理论、党和国家中心大局和重大决策部署、红色历史、建功立业创新创优事迹、职工群众关心关注的话题等，充分发挥劳动模范、大国工匠、最美职工和工会干部的宣传宣讲作用，构建工会大宣传格局，团结引导广大职工群众坚定不移听党话、矢志不渝跟党走，积极投身经济建设主战场，在强国建设、民族复兴新征程上充分发挥主力军作用。

大思政课

发挥工会『大学校』作用

深入推进思政引领

主要功能

深入推进职工群众思想政治引领建设工程，做到“以政启人、以情动人、以理服人、以常化人、以阵地聚人”，把思政引领融入工会工作全过程、各方面，更好发挥工会“大学校”作用，团结引导广大职工听党话、跟党走。

功能详情

1 6大学习频道

设置“学习时刻”、“思政课堂”、“思政之声”、“红色展厅”、“榜样人物”、“每日一学”，将思政教育融入工会服务全流程。

2 专题栏目矩阵

设立“蹲点思政课”、“劳模讲述”、“岗位思政课”、“思政微剧场”、“专题思政片”特色栏目，覆盖不同学习场景。

3 音视频课程库

大讲堂、微电影、短视频、广播剧等形式，适配碎片化学习需求。

4 互动学习机制

设置用户积分体系、线上主题活动功能。

入会转会

主要功能

扫码入会/转会、填报入会/转会、申请成为组织员等。

服务特色

简化了传统的入会 转会流程，提升了工会服务的便捷性和吸引力。

功能详情

填写必要的信息，如个人基本信息、工作单位等，并提交申请。系统会自动生成并验证相关的数字身份凭证，以确保信息的准确性和安全性。

1 扫码入会/转会

2 填报入会/转会

3 申请组织员

4 查看申请流程

动动手指

轻松找到『娘家人』

入会转会

动动手指　轻松找到"娘家人"

工会是会员和职工利益的代表，是职工群众可以信赖、可以依靠的组织。有一种温暖，叫"工会在你身边"。无论是刚入职场的新人，还是工作多年的劳动者；无论是有固定工作单位的职工，还是货车司机、网约送餐员等新就业形态劳动者，都可以加入工会组织。

"入会转会"功能是"职工之家"APP 中的一个核心功能模块，旨在简化职工入会和会员转会的流程。该模块包含多个子功能，如扫码入会 / 转会、填报入会 / 转会、申

请成为组织员等。“入会转会”与工会数字身份体系紧密结合，利用数字身份卡包的优势，如去中心化身份和可验证凭证，确保流程的高效性和安全性。

进入“职工之家”APP首页，点击“入会转会”，即可进入入会或转会页面，用户填写必要的信息，如个人基本信息、工作信息之后，可以选择要加入的工会组织进行提交。系统会自动生成并验证相关的数字身份凭证，让职工动动手指便可找到“娘家人”。用户如果搜索不到要加入的工会组织，可以选择工作所在地地方工会或者生活所在地地方工会提交申请，也可以暂不选择，由系统根据当前定位自动判断要加入的工会组织。

“入会转会”功能大大简化了传统的入会转会流程，提升了工会服务的便捷性和吸引力，这种灵活的入会方式能够及时把职工群众吸纳到工会中，不断增强工会活力。

◉ 12351
职工有所呼　工会有所应

"12351"是全国总工会推出的职工维权热线，无论是服务帮扶、信访投诉，还是法律援助、意见建议，只要有需求，职工都可以拨打热线电话反映问题，全国总工会有关部门将按照分级负责、归口办理、谁主管谁负责、属地管理和及时就地就近依法解决问题与思想疏导相结合的原则分别作出处理，切实实现"职工有所呼，工会有所应"，彰显"娘家人"的责任与担当。

"职工之家"APP上设有"12351"功能模块，用户点击后即进入12351热线服务页面。页面的主要功能包括在线问答、一键拨打热线、留言区、进度查询等，致

力于为用户答疑解惑，让用户享受贴心服务。值得一提的是，该功能在台账录入、咨询问答、工单生成、派单初审、客服回访、数据挖掘等各个业务节点，均利用了人工智能技术，采用了与热线话务端一致的技术要求与业务标准，实现了对热线话务端业务的有力促进和完善，有效拓宽了热线线上服务渠道，扩展了热线时段覆盖面，打造了维权服务矩阵，更好地为职工群众提供“时时、处处、事事”可感可知、可达可得的服务。

职工利益无小事，热线服务显温情。作为一个新平台、新载体，“12351”热线服务端正在成为高效解决职工急难愁盼问题的快速通道，成为服务职工的前沿阵地，成为工会向政府部门反映社情民意的“意见箱”。

全国总工会 服务职工热线

12351

职工有所呼
工会有所应

主要功能

为职工提供在线问答、一键拨打12351热线电话、接收与回复职工留言、为职工查询诉求办理进展等。

服务特色

采用了与热线话务端一致的技术要求与业务标准，更好地为职工群众提供“时时、处处、事事”可感可知、可达可得的服务。

功能详情

1 在线问答 有问必答、解惑答疑

2 拨打热线 一键直连、服务到心

3 我要留言 畅所欲言、建言献策

4 进度查询 随时查看、进度透明

法律服务

主要功能

法律法规查询：一键式法律法规查询服务
劳动法律问题咨询：一键式疑难问题咨询
劳动争议案例查询：一站式劳动争议案例查询服务
劳动争议案情评估：了解诉讼风险、保护合法权益
劳动法律计算器：劳动争议纠纷赔偿补偿等计算
法治宣传教育：学习法律知识、提升法律素养

服务特色

充分利用人工智能技术，打造工会法律服务大模型，为全国职工和工会工作者提供可靠、快捷、智能的法律查询、咨询服务。

功能详情

1 法律法规查询
一站式法律法规查询服务

2 劳动法律问题咨询
一键式疑难问题咨询

3 劳动争议案例查询
一站式劳动争议案例查询服务

4 劳动争议案情评估
了解诉讼风险、保护合法权益

5 劳动法律计算器
劳动争议纠纷赔偿补偿计算

6 法治宣传教育
学习法律知识、提升法律素养

一站式法律服务

可靠、快捷、智能

◉ 法律服务

一站式法律服务　可靠、快捷、智能

近年来，全国总工会着力打造新时代“工会枫桥”品牌，打造“一体化”、“一站式”劳动争议多元解纷平台，用好“工会驿站”等阵地，构建职工“15 分钟法律服务圈”，做实工会基层法律服务工作。

2024 年以来，全国总工会结合推进工会数智化建设，以工会智能法律服务系统为载体平台，创新职工法律服务新方式，努力实现全时间、全领域、全方位服务亿万职工群众。“职工之家”APP 中的“法律服务”充分利用了人工

智能技术，打造工会法律服务大模型，为全国亿万职工和工会工作者提供可靠、快捷、智能的法律查询、咨询服务。

在APP首页，点击“法律服务”即进入功能页面。“法律法规查询”功能提供了一站式法律法规查询服务。在“劳动法律问题咨询”页面，用户输入相关问题描述，即可快速获得相应解答。在“劳动争议案情评估”页面，用户可以根据提示选择相关案情信息，获取诉讼风险评估意见。“劳动法律计算器”为用户提供了一个根据自身情况计算“加班补偿”、“婚假”、“年假”、“产假”、“工伤补偿”的计算工具，输入个人信息后，即可获取有关计算结果。作为“娘家人”的工会组织可以通过对该模块后台数据的分析，实时掌握工会维护职工权益工作情况和职工维权诉求，快速精准锁定问题和重点，切实提升工会维权服务的针对性、有效性。

需要注意的是，该模块通过法律大模型为用户提供了一定的法律支持和建议，但是相应结果仅供参考。对于重要的法律问题，广大职工仍需寻求专业人士的意见和指导。

◉ 产改专区

把握产改政策方向　推动技能素质提升

产业工人队伍建设改革是以习近平同志为核心的党中央作出的一项具有战略性、全局性的重大决策部署，是全面深化改革的重要内容。为深入贯彻落实《中共中央、国务院关于深化产业工人队伍建设改革的意见》，“职工之家”APP设立了“产改专区”功能模块，不仅汇聚了丰富的产改政策文件，还通过实践案例的分享，让职工能够更直观地理解产改的实际操作与应用效果。

进入功能模块后，在“产改资讯”板块，用户可以通过查阅定期更新的政策解读和资讯速递，紧跟产改步伐，把握改革方向。在“产改案例”板块，围绕“思想政治引领”、

“保障产业工人主人翁”、“技能形成体系”、“职业发展通道”、“维护劳动经济权益”、“建功立业”、“队伍壮大”、“组织领导”等方面，APP 精选展示各地产改工作典型案例，能够为广大职工提供宝贵的先进经验，让职工看到产改带来的无限可能。

若想深入了解产改的政策内涵和要求，“产改政策”板块为广大用户提供了权威且详细的内容，同时，“产改书屋”板块汇聚了与产改和大国工匠相关的专业书籍和经验分享，是职工充实自我、提升能力的知识宝库。从产改宏观规划到具体实施细则，“产改专区”为职工提供清晰明了的知识内容，帮助广大职工准确把握产改政策方向，为工作和个人发展提供有力的支撑。

产改专区

主要功能

深化产业工人队伍建设改革，加深广大职工对产改工作的了解，提升产业工人的职业荣誉感。

功能详情

1 产改资讯

提供最新产改政策解读、资讯及行业动态。

2 产改案例

展示产改实施中的典型实践案例，解析操作路径与成效。

3 产改政策

提供权威详细的产改政策内涵及要求解读。

4 产改书籍

推送产改相关书籍、拓展学习资料。

把握产改政策方向

推动技能素质提升

就业帮扶

实施精准帮扶 助力职工和企业双向奔赴

主要功能

可在线快捷创建个人简历，便捷发布招聘信息，并通过人工智能技术实现迅捷推荐、匹配功能；依托在线平台，各地工会将联系社会资源，为重点就业群体提供一对一就业服务。

服务特色

为求职职工和用工单位提供推介、撮合、直播等智能化、精准化就业服务。

功能详情

1. **我要求职** 搜索公司相关信息
2. **直播/专场招聘** 了解活动，选择专场和地区
3. **我要招人** 填写企业名称，发布公告
4. **工会服务** 了解活动、订阅消息、完善简历

就业帮扶

实施精准帮扶　助力职工和企业双向奔赴

就业是民生之本、发展之基，就业稳则民心定、家国安。党的十八大以来，党中央坚持把就业工作摆在治国理政的突出位置，强化就业优先政策，健全就业促进机制，有效应对各种压力挑战，实现城镇年均新增就业1300万人。

作为党密切联系职工群众的桥梁纽带，各地工会组织积极发挥组织优势、平台优势、资源优势，在就业援助服务行动上持续发力，通过线下招聘、直播带岗、就业培训等方式，助力求职者实现高质量充分就业。

“就业帮扶”是“职工之家”APP为求职职工和用工单

位提供的具备推介、撮合、支持功能的智能化就业服务。在该功能模块内，用户可在线创建个人简历，快捷发布求职信息，APP 将通过人工智能技术，实现职工和企业的双向推荐、匹配。各地工会还能够依托 APP 平台联系社会资源，为重点就业群体提供一对一的就业支持。进入“就业帮扶”后，有需求的用户可以点击“我要求职”，在搜索框内输入目标岗位或公司，查询相关信息。在头条轮播板块，用户可以了解近期的专场招聘活动。点击“直播招聘”或“专场招聘”，可以浏览近期的直播专场招聘活动，并通过选择专场类型和地区，精准筛选招聘活动。通过设定“地区”、“行业”、“岗位”等信息，用户可获得个性化职位推荐，提高求职成功率。

“就业帮扶”通过创新服务方式、提升服务质量、深化服务内容，搭建起企业与求职者之间的桥梁，为企业招工稳岗和职工高质量充分就业注入了新动能。

◉ 技能学习

畅游海量内容资源　即享专属学习系统

党的二十大报告提出：“加快建设国家战略人才力量，努力培养造就更多大师、战略科学家、一流科技领军人才和创新团队、青年科技人才、卓越工程师、大国工匠、高技能人才。”当前，我国已进入高质量发展阶段，这对劳动者素质提出了更高要求。推动实现中国式现代化，不仅需要大批科学技术专家，也需要千千万万的能工巧匠。

“职工之家”APP打造的“技能学习”功能模块致力于为职工提供便捷、高效、个性化的技能学习服务，打造一个灵活、高效的学习生态系统，帮助职工提升职业技能，实现个人价值。该模块能够提供多样化的在线课程资源，涵盖职业技能、新技术培训、管理知识等方面，并通过视频教学、图文教程、书籍资讯等多种方式，满足不同用户的学习需求。

进入“技能学习”，用户可以根据关键词搜索感兴趣的课程，此外平台也会综合内容热度、用户喜好等，为职工打造“甄选课程”、“最新课程”、“技能课程”、“看一

看”等技能学习板块。例如,“甄选课程”板块囊括了工匠学院热门课程、大师热门课程、创新工作室热门课程等精品学习内容,有利于将用户快速“领进门”。

技术工人队伍是支撑中国制造、中国创造的重要力量。“技能学习”内的海量资源能够满足职工个性化技能学习和培训需求,为深化产业工人队伍建设改革、发挥技术工人队伍作用、锻造新时代高素质产业工人大军提供了有力抓手。

技能学习

畅游海量内容资源

即享专属学习系统

主要功能

围绕产业工人技术成长需求，系统性梳理大国工匠的工法、技法、管理方法和创新方法，形成以劳模和工匠人才命名的实用型技能知识体系。

服务特色

各级工会、链主企业、全国工匠学院建设点、劳模工匠创新工作室等作为“UP主”，组织劳模工匠、工匠学院等开发线上技能培训课程，并以短视频、PPT、图文等多种方式展示，根据职工的行业、职业（工种）、兴趣等智能推送，满足职工及时、灵活、个性化技能学习培训需求。

1 **777个工种**
多种选择机会

2 **数百门课程和各类职业技能竞赛**
视频课程、答题闯关、直播活动、班组长大赛、工匠书坊等

3 **数十万道练兵题目**
有效学习，技能强国

劳模工匠

学习劳模先进事迹

汲取工匠榜样力量

主要功能

汇集各级劳模工匠、五一劳动奖章获得者、劳模工匠创新工作室名录，组织专业技术领域劳模工匠展示基本信息、技能课程、创新成果。开展“劳模工匠助企行”专项行动，积极助力“专精特新”企业、中小微企业高质量发展。

服务特色

劳模工匠累计入驻19万余位，劳模工匠创新工作室累计入驻近1.76万个，累计上传内容1000余条。

劳模工匠

学习劳模先进事迹　汲取工匠榜样力量

2023年10月23日，习近平总书记在同中华全国总工会新一届领导班子成员集体谈话时指出，要大力弘扬劳模精神、劳动精神、工匠精神，发挥好劳模工匠示范引领作用，激励广大职工在辛勤劳动、诚实劳动、创造性劳动中成就梦想。

为了贯彻落实习近平总书记的殷切嘱托，"职工之家"APP上线了"劳模工匠"功能模块，通过展示劳模工匠的事迹和技能成果，向广大职工群众传递正能量，激发

职工的学习热情和职业追求。进入该模块内，用户可以浏览以图文、视频等各种形式展示的各地劳模工匠的先进事迹以及劳模工匠领衔的创新工作室的创新成果等内容，这有利于促使劳模工匠的形象深入职工心中，激励广大职工群众学习弘扬劳模精神、劳动精神、工匠精神。此外，各地有关劳模工匠的一手资讯也会在该模块内及时呈现，便于用户了解相关政策信息。

值得一提的是，“劳模工匠”致力于打造一个学习互动社区。在模块内，用户可以根据关键词搜索自己感兴趣的劳模工匠，关注榜样的实时动态。此外，该模块还鼓励劳模工匠以“UP 主”的身份，通过短视频、图文、直播等各种形式记录创新攻关历程，分享自己的技能课程，通过日常的持续更新点燃广大“粉丝”朋友的创新火花，助力职工成长为高素质技术技能人才和能工巧匠。

劳动竞赛

比、学、赶、超　成就职工梦想

劳动竞赛从中央革命根据地（中央苏区）时期发展至今，一直是中国工会围绕中心服务大局的重要载体，有着悠久的历史和与时俱进的时代内涵。进入新时代，习近平总书记对工人阶级和工会工作作出一系列重要论述，明确提出劳动竞赛在新时代要注入新内涵。党的二十大后，面对新的机遇和挑战，劳动和技能竞赛进一步向新业态延伸，内容不断丰富、形式更加多样、领域不断拓展。

"劳动竞赛"功能模块是"职工之家"APP打造的服务广大职工的劳动竞赛资讯平台和网上学习练兵平台，分为"技能比赛"、"网上练兵"、"五小活动"、"四技活动"等

板块，致力于促进广大职工群众进行“比、学、赶、超”，成就职工梦想。

进入“技能比赛”板块，用户可以查看以往举办过的比赛，观看比赛视频和比赛相关课程视频，练习比赛理论考试真题等，为逐梦竞技场打下坚实基础。在“网上练兵”板块，用户可以选择某一工种进行答题练习，以检验理论知识的掌握程度，便于查漏补缺。进入“五小活动”板块，用户可以了解全国职工“五小”优秀创新成果以及基层群众性创新活动成果。点击“四技活动”，用户可以报名参加正在举办的线上技能培训班以及云打卡职工技术革新、技术创新、技术攻关、技术创造等活动。此外，用户还可以在“竞赛资讯”、“现场直播”、“全国大赛”、“产业竞赛”、“各地比赛”等功能中，了解更多各地技能竞赛的最新动态。

劳动竞赛

主要功能

服务广大职工的劳动竞赛资讯平台和网上学习练兵平台。

服务特色

涵盖“技能比赛”、“网上练兵”、“五小活动”、“四技活动”等板块，致力于促进广大职工群众进行“比、学、赶、超”，成就职工梦想。

比学赶超

成就职工梦想

功能详情

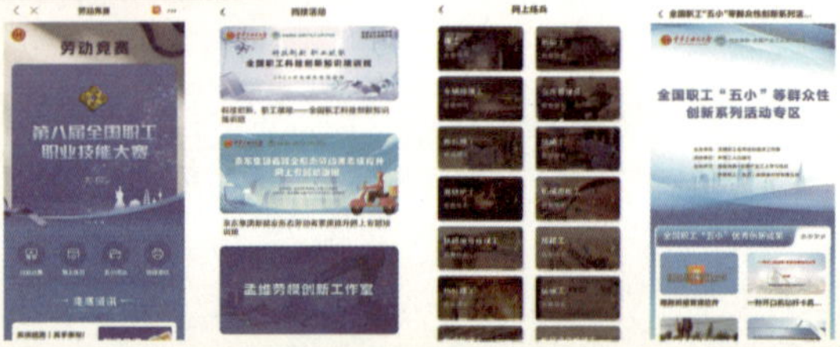

职工成果

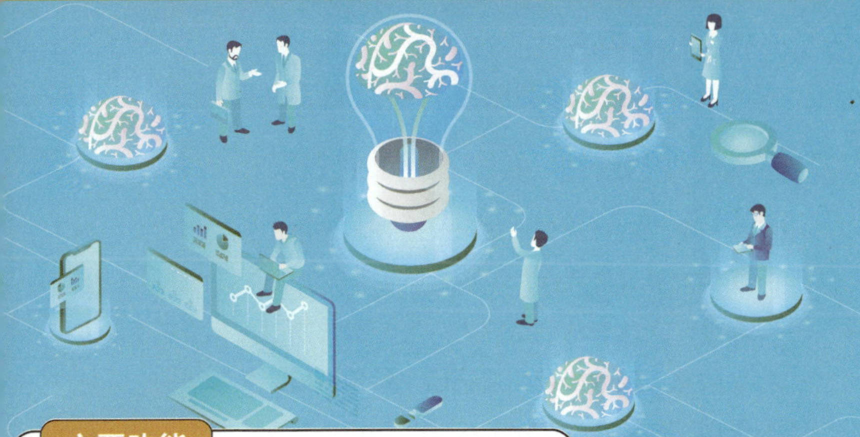

主要功能

以多种形式展示交流优秀技术创新成果和案例；提供创新方法工具，提升职工创新能力和水平；推动职工创新成果在全国范围内转化应用。

服务特色

目前已有1.7万余项各类成果，未来将实现超过30万项职工创新成果和案例上线，为广大职工开展创新创造提供辅助和参考。

功能详情

展示职工创新成果

助力职工创新创造

职工成果

展示职工创新成果　助力职工创新创造

职工的优秀创新成果具备技术先进、应用价值高、创新创效显著等特点，能够充分展示出职工群众的聪明才智，彰显工人阶级的创造伟力，对于加快我国实施创新驱动发展战略，加快建设制造强国、科技强国、质量强国、人才强国，推动高质量发展具有积极作用。

“职工之家”APP的“职工成果”功能模块通过展示职工优秀创新成果，鼓励创新创造，强化职工的成就感，同时搭建了促进知识交流与合作的桥梁，能够推动行业不断发展。值得一提的是，参考当前互联网的主流内容生产平台，该模块采用了“UP主”分享内

容的形式，鼓励职工以图片、文字、视频等各种方式上传创新成果，致力于建设一个供广大职工朋友交流学习的互动社区，营造创新创造的活跃氛围。

在职工创新成果的展示方面，模块分为“关注”、“推荐”和“地区”三部分。“关注”界面展示了用户在平台上关注的UP主，可以集中性地看到他们最新发表的动态；在“推荐”界面，既有甄选职工成果展示，又有最新发布的职工成果和创新工作室成果展示，用户可以一目了然地看到高质量的创新成果作品；进入“地区”界面，用户可以看到所在地区优秀的创新成果，实实在在地感受到来自身边的激励。

“职工成果”为广大职工群众提供了一个展示个人和团队创新成果、优秀项目、获奖作品的平台，从科研成果到技术改进方案，再到管理创新灵感，这里欢迎一切创新创造。

◉ 劳动保护

维护职工权益　筑牢安全防线

在全面推进安全生产的时代背景下，“职工之家”APP设置了“劳动保护”功能模块，以数字化手段打造全天候、立体化的职业安全防护体系。该模块集知识学习、技能提升、健康管理于一体，为广大职工群众构建起坚实的安全屏障。

“劳动保护”功能模块设置“安全生产”专栏，在这里，用户可以通过观看视频课程、阅读相关图书、参加线上培训班、参与答题闯关等丰富的学习方式，不断深化对于安全操作规程、应急处置流程以及职业病预防等各类安全内容的理解掌握，筑牢安全防线。

在“案例交流展示”板块，通过定期发布的安全生产优秀案例，让广大职工及时了解工会最新的安全动态，增强风险防控意识，在日常工作中做到防患于未然。在“常见伤害事故及预防”板块，职工可以在线查询职业健康小窍门，了解常见职业病的症状及预防措施。此外，“劳动保护”功能模块还会配合“安康杯”竞赛、安全生产月推出动态更新的实战题库和专项活动，旨在提升职工的安全意识和自我保护能力，为企业安全生产、职工职业健康保驾护航。

劳动保护是维护劳动者生命健康权益的重要保障，也是企业可持续发展的基石。进入“职工之家”APP 的“劳动保护”模块，用户可以学习到专业的安全防护措施、规范的操作流程，提升对于安全生产、安全管理的理解，最大限度避免工伤事故和职业病的发生，保障自身的身心健康，提高劳动生产率，在安全的环境中实现体面劳动、幸福生活。

劳动保护

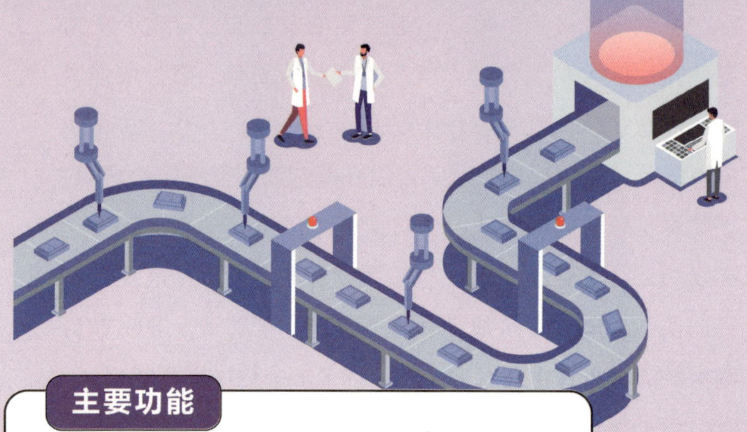

主要功能

提供安全教育、风险防控与职业健康指导，助力职工提升安全意识、掌握应急技能。

功能详情

1 法律法规

提供劳动法律法规查询、权益解读与法律援助服务。

2 视频课程

涵盖安全操作规程、应急处置流程、职业病预防等课程。

3 安全书屋

提供安全主题数字阅读资源。

4 答题闯关

结合“安康杯”竞赛等推出专项试题，强化知识应用。

5 培训班

结合安全生产月推出专题培训班。

6 案例集

定期发布安全生产优秀案例。

维护职工权益
筑牢安全防线

健康助手

全天候健康管理服务

一键可达

主要功能

具备体检报告解读、健康咨询辅导、就医问诊导航、职业健康科普等功能。

服务特色

为职工提供全天候、一键可达的健康管理服务，提升职工健康水平，促进全民健康。

功能详情

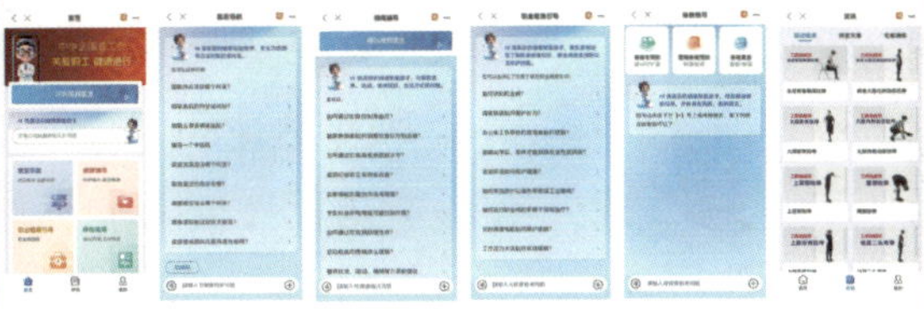

健康助手

全天候健康管理服务　一键可达

为满足职工日益增长的健康需求，全国总工会积极打造智能化、便捷化、个性化的健康服务平台。“职工之家”APP“健康助手”功能模块具备体检报告解读、健康咨询辅导、就医问诊导航、职业健康科普等功能，为职工提供全天候、一键可达的健康管理服务，提升职工健康水平，促进全民健康。

进入模块首页，用户可以与健康智能助手实时对话，随时进行健康和疾病问题的咨询。点击“就医导航”，用户可以获取合适的医院或科室推荐，根据自己的需要进行筛选；点击“健康辅导”，可以了解营养、运动、疾病预防、生活方式等方面的专业建议，有利于健康生活；“职业健康引导”功能为用户提供了丰

富的职业健康知识、职业病危害预防以及防护技能；“体检指导”功能提供了上传体检报告的窗口，用户上传之后，健康智能助手将在线解读体检结果，分析潜在风险并提供健康建议，模块内还提供了“体检车预约”、“医院体检预约”等健康服务。值得一提的是，APP 内的个人信息、健康数据实现了全过程保密，广大用户可以放心使用。

全面、及时的健康资讯也是“健康助手”的特色内容。如“运动健身”板块里有丰富的“工间动起来”小视频，职工工作间歇跟着运动，即可舒缓劳动疲惫；“科普文章”板块里有各类健康小知识，可以帮助用户提升健康素养；“专家讲座”内有专业医生的讲座视频，有利于用户平衡好工作与生活的节奏，过上更健康的生活。

◉ 工会驿站 +

可视化服务地图　链接美好生活

工会驿站是全国总工会组织建立的为环卫工人、快递员、外卖配送员、出租车司机、网约车司机、货车司机、交通警察等户外劳动者提供休息如厕、饮水纳凉、餐食加热、驱寒避雨、手机充电、读书阅览等服务的一站式服务站点。

2023 年，全国总工会启动了工会服务站点“双 15 工程”，即在全国大力加强工会服务站点建设，推动实现 2023 年底全国工会服务站点达 15 万个、全国主要城市和城市重点区域基本实现 15 分钟服务圈交叉覆盖的工作目标。2024 年，全国总工会又明确了工会驿站新的“双 15”目标，即推树 15% 的工会驿站成为最美工会驿站、打造 15% 的工会驿站升级为 24 小时智能化驿站。截至 2024 年底，全国共有工会驿站 18.61 万个，覆盖服务职工群众 1.93 亿人。其中，建成智能化驿站 1.18 万个、24 小时驿站 1.21 万个。

“工会驿站 +”是“职工之家”APP 依托地理信息技术

开发的重要功能模块，旨在为用户提供包括工会驿站在内的各类工会服务阵地的可视化地图。通过该功能，用户可以依据距离、工会阵地类型、好评度、人气度、服务项目等信息精准便捷地为自己匹配合适的工会服务阵地。当用户点击自己想去的站点时，可以在页面上看到详细地址、联系方式、开放时间、具体服务项目、实景照片等信息。

“工会驿站+”大大提升了职工获取工会服务的便利性，能切实解决广大户外劳动者“吃饭难、喝水难、休息难、如厕难”等实际问题，让工会服务站点在需要的时候能找到，关键的时候能管用，让工会服务“无障碍”触达更多职工群众。

工会驿站+

可视化服务地图 链接美好生活

主要功能

为职工提供包括工会驿站在内的各类工会服务阵地的可视化服务地图。

服务特色

职工可以更加便捷地查找到周边或指定区域内的工会服务站点，包括办公地址、联系方式和提供的服务项目，大大提升职工获取工会服务的便利性。

婚育家园

主要功能

传递女性力量，维护女性权益，凝聚更广泛的奋斗合力，将广大女职工紧紧团结在党的周围，为党的事业凝聚巾帼之力、汇集巾帼之智。

服务特色

以需求为导向，做细、做实维权关爱服务工作，让广大女职工切实感受到“娘家人”的温暖。

功能详情

包括“爱心托育”、“巾帼宣讲”、“政策支持”、“婚育新风”、“家庭教育”、“创新案例”、“恋爱课堂”、“交友动态”、“地方频道”等板块，为广大女职工搭建起思想政治引领、维权关爱、技能提升、岗位建功、风采展示、婚恋交友等活动平台。

情系女职工

凝聚『她力量』

◉ 婚育家园

情系女职工　凝聚“她力量”

“婚育家园”是“职工之家”APP中专门服务广大女职工和工会女职工工作干部的功能模块，致力于传递女性力量，维护女性权益，凝聚更广泛的奋斗合力，将广大女职工紧紧团结在党的周围，为党的事业凝聚巾帼之力、汇集巾帼之智。

“婚育家园”功能模块包括“爱心托育”、“巾帼宣讲”、“政策支持”、“婚育新风”、“家庭教育”、“创新案例”、“恋

爱课堂”、“交友动态”等板块，为广大女职工搭建起思想政治引领、维权关爱、技能提升、岗位建功、风采展示、婚恋交友等活动平台，激发创新创造热情，助力实现人生梦想，营造全社会关心关爱女职工的浓厚氛围。模块内还设有“地方频道”，一键链接省、市工会婚恋服务数智化应用平台的相关功能，展示各级工会组织开展“会聚良缘”职工交友联谊活动的风采，有助于职工更精准地获取各地工会提供的婚育服务。

情系女职工，凝聚“她力量”。“婚育家园”以需求为导向，做细、做实维权关爱服务工作，让广大女职工切实感受到“娘家人”的温暖。

◉ 工会智语

助推工会服务迈向智慧时代

“工会智语”依托 DeepSeek 大模型，将工会专属知识宝库转化为易懂的语言与贴心的指引，将冰冷的文字化作指尖可触的温暖关怀。

“工会智语”是职工和工会工作者工作、生活的好帮手。用户只需轻启一问，调解答疑、文书审查、法定假日计算等需求，皆可获得精准解答。文本润色、稿件撰写、宣传语生成，皆可一键完成。更支持直接上传文件，系统自动解析内容、提取核心信息，精准响应个性化诉求，让服务更高效、更贴心。

除此之外，“工会智语”还有更多“宝藏功能”。它支持拍照或上传相册图片，系统智能识别场景，精准回应需求，让图文交互如行云流水般顺畅。支持 DeepSeek-R1 深度思考模式与 DeepSeek-V3 快速问答模式，随心切换，满足不同场景需求。后台看板实时汇聚用户的高频问题，自动提取数据进行分析，反馈当下职工和工会工作者关注的焦点问题，为制定决策提供数据支撑，让政策制定和资源投入更精准、更高效。

“工会智语”采用私有化部署，数据全链路加密、权限分级管控，知识库与工会官方网站数据实时同步，确保内容权威可靠，大大提高了安全性、合规性。未来，“工会智语”将持续迭代，支持语音与方言交互，引入插件生态，与各地业务系统深度融合，实现个性化推荐，并向第三方应用开放接口，共筑智慧工会新生态。

打开“职工之家”，唤醒“工会智语”。让AI与工会工作同频共振，使职工应用更安心、工会工作更高效、制定决策更精准。

工会智语

主要功能

依托DeepSeek大模型，将工会专属知识宝库转化为易懂的语言与贴心的指引，将冰冷的文字化作指尖可触的温暖关怀，让AI与工会工作同频共振。

助推工会服务

迈向智慧时代

功能详情

1 贴身顾问，一键解答

调解答疑、文书审查、法定假日计算、工会工作流程咨询等需求，可获得精准解答；文本润色、稿件撰写可一键完成。

2 数据支撑，精准分析问题

后台看板可实时汇聚职工或工会工作者用户的高频问题，自动提取数据进行分析，为制定决策提供数据支撑。

3 安全可靠，服务更放心

采用私有化部署，数据全链路加密、权限分级管控，知识库与工会官方网站数据实时同步，确保内容权威可靠。

4 持续迭代，共筑智慧生态

未来将持续迭代，支持语音与方言交互，引入插件生态，与各地业务系统深度融合，实现个性化推荐，并向第三方应用开放接口，共筑智慧工会新生态。

疗休养

主要功能

建设职工、劳模疗休养管理系统，汇聚全国重点疗休养基地，以“互联网+疗休养”的模式，为职工、劳模提供网络健全、接待功能完善的网上疗休养服务。

服务特色

疗休养心，元气满满，个性化定制疗养规划。

功能详情

线上定制

轻松『躺平』

◉ 疗休养

线上定制　轻松“躺平”

开展劳模疗休养是党和国家高度重视、关心爱护劳模的重要体现，是大力弘扬劳模精神、劳动精神、工匠精神的重要途径。进一步加强劳模疗休养工作，对于落实功勋荣誉表彰奖励获得者待遇，营造崇尚劳模、学习劳模、争当劳模、关爱劳模的良好社会风尚，激励广大劳动群众争做新时代的奋斗者具有重要意义。

“职工之家”APP 内设有“疗休养”功能模块，该模块汇聚了全国重点疗休养基地信息，致力于打造职工、劳模疗休养管理系统，更好地服务于广大职工和劳模，服务于基层劳动者。

用户进入该模块后，在首页点击“去疗养”，可以设置地区、标签与关键词，浏览相关疗养院信息、疗养行程信息；点击“找商旅”，用户可按需查找酒店住宿和会议场地；若用户有个性化疗休养需求，可以点击“发需求”，通过设置出发地、目的地、人数、天数、预算金额等条件，筛选发布自己的疗养需求；“查政策”功能便于用户

查看最新的疗休养政策文件与通知公告。

此外，模块首页的中间一栏囊括了全国劳模、大国工匠、技术工人相关新闻及政策文件。首页下方展示了精选推荐的全国各地疗养院、疗养行程以及商旅酒店，点击具体条目即可浏览相关信息，比如疗养院的营业时间、地理位置、机构详情等，用户可以根据这些信息调整自己的行程规划，制定优质的疗休养之旅。

◉ 职工书屋

一人一书屋　无处不阅读

全国工会职工书屋建设于 2008 年全面启动。职工书屋建设，是全国工会加强职工思想道德建设、实施职工素质工程的一项重要举措，是新时期工会组织职工、引导职工、服务职工和维护职工合法权益的重要手段，也是工会参与社会公共文化服务体系建设、增强国家文化软实力、推动社会主义文化大发展大繁荣的重要工程。

在加强实体职工书屋建设的同时，全国总工会积极适应互联网时代职工阅读习惯的变化，于 2015 年上线全国工会电子职工书屋，为广大职工提供内容丰富、富有特色、便捷时尚的线上阅读系统。电子职工书屋建设及运营服务由中国工人出版社承办，全国总工会投入基础建设经费，各地工会和基层单位分摊成本费用，职工可以免费阅读海量图书资源。电子职工书屋是职工书屋工程的重要组成部分，也是落实工会改革要求、做大做强职工书屋品牌、适应"互联网 +"发展打造全国工会系统服务职工网络载体的重要举措。

作为广大职工朋友的学习充电之家，“职工之家”APP内上线了“职工书屋”功能模块，在首页点击该模块，便可一键跳转至全国工会电子职工书屋平台。截至2024年，平台共有5万册电子书、3万余小时有声书、400多种期刊和一大批特色视频，覆盖了网站、APP、微信小程序、数字阅读一体机等终端。利用这些终端载体，用户可以随时、随地、随心享受高品质学习充电资源，真正实现“一人一书屋，无处不阅读”。

职工书屋

主要功能

为广大职工提供内容丰富、富有特色、便捷时尚的线上阅读系统。

服务特色

共有5万册电子书、3万余小时有声书、400多种期刊和一大批特色视频，覆盖了网站、APP、微信小程序、数字阅读一体机等终端，真正实现“一人一书屋，无处不阅读”。

一人一书屋

无处不阅读

功能详情

送温暖

主要功能

针对以困难职工为主的职工群众开展的走访慰问、关心关爱等服务。

服务特色

职工线上即可申请，工会主动对接，为符合工会送温暖条件的职工送去温暖关爱。

功能详情

1 **送温暖申请**
输入信息、提交申请、在线联系

2 **矩阵查询**
查询站点名称、查询当地职工服务中心

3 **消息会话**
与客服对话、查看消息通知

4 **我的服务**
我的申请、我的记录、我的服务

为困难职工

解难事 办实事 做好事

◉ 送温暖

为困难职工解难事、办实事、做好事

送温暖是工会针对以困难职工为主的职工群众开展的走访慰问、关心关爱等服务，旨在帮助职工解决遇到的生活困难，为职工群众解难事、办实事、做好事。

1992 年，全国总工会根据党中央部署精神，组织各级工会于元旦、春节期间，在全国范围内开展“进万家门，知万家情，解万家难，暖万家心”送温暖活动，动员全社会伸出互助友爱之手，为那些生活遇到困难的职工排忧解难。此后每年的元旦、春节等节假日期间，各级工会都会与其他部门一道，深入困难企业和困难职工家庭，开展大规模的送温暖活动，真正把温暖送进家里，把温情送进职工心里。

近年来，工会送温暖工程在经常化、制度化、社会化方面取得了显著成效。各级工会通过建立困难职工帮扶中心和在线送温暖平台，大力开展工会促进再就业活动、职工医疗互助保障活动和困难职工子女金秋助学活动，使送温暖工程的实效性进一步增强、影响力进一步扩大。

点开“职工之家”APP的“送温暖”功能模块，用户可以在首页直接输入自己遇到的难题，实现与送温暖智能助手在线对话，深入了解送温暖政策以及申请事宜；在“申请须知”板块中，可以更直观地了解更多送温暖政策信息；点开“送温暖申请”，用户可以在申请页面输入个人信息，输入完成后即可在线提交申请；在“矩阵”板块里，通过选择当前所在区域，用户可以获取当地职工服务中心的详细信息，包括服务项目、地理位置、工作时间、咨询电话等，通过这种途径获得的信息将更具针对性。

◉ 困难帮扶

24 小时在线　提供暖心帮扶

“有困难找工会！”

“工会‘娘家人’就在您身边！”

困难帮扶是各级工会组织在社会救助体系基础上，对因遇临时性、突发性困难暂未纳入政府社会救助范围，或按现行政策标准接受社会救助后仍存在其他困难的职工家庭开展的帮扶救助工作。根据职工困难情况和实际需求，各级工会组织会开展有针对性的事前预防和事后救助项目，旨在保障困难职工家庭基本生活。

2024 年，全国总工会下拨 9.55 亿元中央财政职工困难帮扶资金，支持各级工会巩固城市困难职工解困脱困成果、为特殊职工群体送温暖、改善艰苦一线职工生活条件三大方面共

1842个帮扶服务项目，重点解决职工急难愁盼问题，促进职工高质量就业，健全完善“普惠性+特殊性”职工权益维护、服务体系。

为积极响应政策，“职工之家”APP设置了“困难帮扶”功能模块，职工不仅可以随时随地找到“娘家人”，还可以在遇到临时性、突发性困难时，在线寻求工会帮助。打开APP后，用户只需点击“困难帮扶”模块，即可进入求助页面，在当前所在区域内找到对应的职工服务（帮扶）中心，实现在线申请工会困难帮扶服务。在职工提出申请之后，工会会主动对接，为符合困难帮扶条件的职工提供生活救助、子女助学、医疗救助等服务项目。

模块内还设有帮扶智能小助手，24小时在线为职工提供帮扶服务，若对相关政策、流程存在疑问或不解，用户可以点击小助手进入会话页面，进一步了解工会建档困难职工类别、申请困难职工建档帮扶流程等信息。可以说，“困难帮扶”模块是帮助职工解决生活中的各种困难、增强职工幸福感和获得感的工会“秘密武器”。

困难帮扶

24小时在线
提供暖心帮扶

主要功能

对困遇临时性、突发性困难的职工家庭开展生活救助、子女助学、医疗救助等帮扶，保障困难职工家庭基本生活。

服务特色

职工线上即可申请，工会主动对接，对符合条件的职工提供困难帮扶服务。

功能详情

1 **困难帮扶**
申请须知、申请困难员工立即申请、当前所在区划

2 **矩阵查询**
查询站点名称、查询当地职工服务中心

3 **消息会话**
与客服对话、查看消息通知

4 **我的服务**
我的申请、我的记录、我的服务

爱心互献

主要功能

为困难职工、劳模工匠、女职工、新就业形态劳动者等职工群体提供援助，解决他们的急难愁盼问题。

服务特色

为职工群众参与公益活动提供可靠便捷的渠道，同时可实现对困难职工、新就业形态劳动者等职工群体的捐助关爱。

功能详情

1 爱心互献
公益项目、我要捐赠、捐赠信息

2 爱心捐赠
提供更多、更全的献爱心项目

3 物资申领
根据个人情况，进入详情页面了解项目名称、物资，下载申请文件

4 关于我们
进一步了解爱心互献项目、组织机构简介等信息

献出一份爱心
构建美好社会

◉ 爱心互献

献出一份爱心　构建美好社会

“职工之家”APP中的“爱心互献”功能模块，是全国总工会弘扬互助互济精神、开展职工公益活动的线上平台，旨在为广大职工群众提供奉献爱心的可靠渠道。自建成以来，该平台为一位又一位有需要的职工提供了及时援助，解决了困难职工的急难愁盼问题。

“爱心互献”依托中国职工发展基金会已有业务线展开，该功能立足工会、面向职工、服务社会，致力于提升职工的生活品质，助力职工过上更美好的生活。模块下设“爱心互献”、“爱心捐赠”、“物资申领”三大主要板块，用户还可以在模块首页查询到各年度的捐赠信息，捐款人次、企业捐款数额等数据的披露能够促使人们发扬互助互济的美好品德。当前，模块内已上线“一元捐十元捐”、“骑手关爱”、“金秋助学”等面向各类群体的公益项目，取得了良好的社会效益。

“爱心互献”模块的设立为传播工会公益文化、弘扬工会互助精神、推动产业工人队伍建设改革、助力共同富

裕作出了积极贡献。

“一人难挑千斤担，众人能移万座山。”捐赠不分多少，善举不分大小。打开“职工之家”APP，点击进入“爱心互献”，便可在这里献出自己的一份爱心。这份爱心，可能是高温酷暑下建筑工人的一瓶水，可能是环卫工人的一份早餐，也可能是灾区群众抵御寒冷的一件衣被……“爱心互献”用一份份爱心的叠加，助力构建一个充满爱的美好社会。

◉ 工人日报

讲好中国工人故事　弘扬中国工会之声

1949年，伴随着新中国诞生的曙光，《工人日报》问世。平凡的名字、朴素的定位，《工人日报》自成立之日起就成了广大劳动群众的朋友，成为一张融政治、经济、文化、社会生活于一体的全国性综合大报。

毛泽东同志曾于1949年、1964年两次亲笔题写《工人日报》刊名。70多年来，《工人日报》始终坚持正确政治方向，突出"工"字特色，加强内容建设，强化品牌意识，马恒昌、吴运铎、王进喜、时传祥……一个个激励过亿万劳动者工作热情的名字，从《工人日报》的版面，走进了万千读者心中。今天，又有更

多的大国工匠和新时代劳模从《工人日报》向我们走来，包起帆、郭明义、巨晓林、高凤林……

《工人日报》致力于巩固壮大奋进新时代的主流思想舆论，是工会新闻宣传的主渠道、主阵地。“职工之家”APP内设有“工人日报”功能模块，以H5页面链接形式将《工人日报》客户端数字报嵌入其中。点击进入“工人日报”，用户可随时、随地便捷浏览数字报。数字报页面内提供《工人日报》当期内容和往期版面，用户可按照日期、版面导读阅读文章，点击单篇可详细阅读文字内容，并可一键分享给好友一同阅读浏览。

通过该功能，用户可以在APP内及时获取党中央重大决策部署、全国总工会重点工作权威报道，能够全面了解各级工会履职尽责的创新举措，快速了解自己关心的信息，追踪社会热点新闻。

工人日报

讲好中国工人故事
弘扬中国工会之声

主要功能

读者可按照日期、版面导读，浏览《工人日报》数字报文章并分享。

服务特色

可及时获取党中央重大决策部署、全国总工会重点工作安排的权威报道，全面了解各级工会履职尽责的创新举措，并快速掌握社会热点问题。

职工互助

主要功能

为维护职工医疗、健康等权益而开展的职工互助互济活动。

服务特色

围绕职工医疗健康保障需求，建立以住院医疗、重大疾病、意外伤害为主体的互助保障产品体系，帮助职工抵御和化解风险，切实提高职工医疗健康保障水平。

功能详情

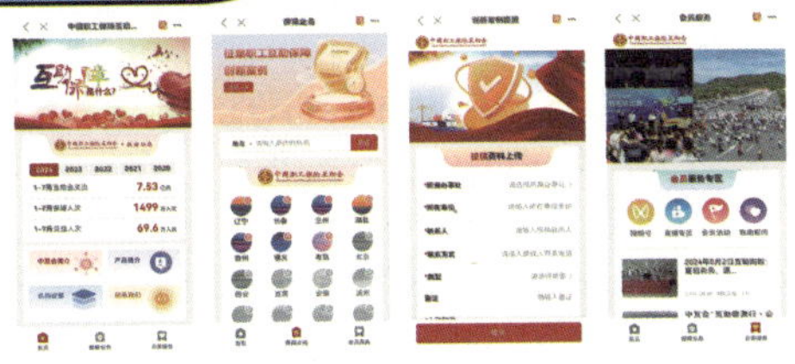

团结友爱 互助互济

为职工健康保驾护航

◉ 职工互助

团结友爱 互助互济 为职工健康保驾护航

“职工互助”即职工互助保障活动，是为维护职工医疗、健康等权益而开展的职工互助互济活动，是国家多层次社会保障体系的重要组成部分，是中国工会传统特色工作品牌，也是中国工人阶级团结友爱、互助互济精神的具体体现。

2018 年，中国工会十七大首次将“互助保障”写入《中国工会章程》，成为工会会员享有的权利之一，为职工互助保障事业提供了政策制度保障。《中国工运事业和工会工作“十四五”发展规划》也对职工互助保障活动提出了目标任务和工作要求。当前，职工互助保障事业正处于健康发展阶段，职工互助保障服务群体不断扩大、保障范围持续拓展、保障能力有效提高，各项工作赢得了职工群众的良好口碑。

“职工之家”APP“职工互助”功能模块依托中国职工保险互助会已有业务线展开，采用线上线下相结合的方式为职工提供全面的保障业务。点击“职工互助”进入页面

内，用户即可找到当前所在地的互助保障机构。点击进入对应机构、登录平台之后，可以进行业务查询、办理等相关操作。如果对所在地保障业务存在疑惑，用户可以通过“立即咨询”、“政策文件”、“保障活动”等板块了解所在地职工保障相关业务内容。在“职工互助”中的各地区板块，“保障人数”、“补助人次”、“补助资金”等互助动态得到了清晰展示。部分地区机构还针对女职工、新就业形态劳动者等群体，单独开设了保障金申请业务，便于用户在线申请职工互助保障服务。

◉ 中工网

亿万职工的网上家园

加强对职工的思想政治引领，引导职工群众听党话、跟党走，巩固党执政的阶级基础和群众基础，是党中央赋予工会的重大政治责任。为了落实这一目标任务，“职工之家”APP 设立“中工网”功能模块，旨在加强思想政治引领，吹响工会“集结号”。

在 APP 首页最顶部，设置了“中工网”的“学习热点”功能模块。该模块每日更新习近平总书记的重要活动、重要讲话以及重要文章，旨在宣传阐释好习近平新时代中国特色社会主义思想，让理论学习通过平台直接触达广大职工。在 APP 首页最左端，设置有“资讯”入口，便于用户直接点击进入“中工网”，

及时获取每日重要资讯。

“中工网”内设置有“学习”、“时政”、“看点”、“全总”、“工会”等内容板块。“学习”板块集中展示习近平总书记相关报道，致力于引导广大干部职工学深悟透力行习近平总书记关于工人阶级和工会工作的重要论述，大力弘扬社会主义核心价值观，引导职工群众把对美好生活的向往与推进强国建设、民族复兴伟业紧密联系起来、有机融合起来，进一步筑牢团结奋斗的思想基础，在党和国家工作大局中贡献工会力量。“时政”板块展示了当前的社会新闻热点，方便广大职工群众看新闻、学政策、知实事。“看点”集结了与职工工作、生活息息相关的热点报道资讯，例如“中工网评”、“打工新鲜事儿”、“工视点”等栏目用职工群众爱听的语言，保障劳动者权益，为职工发声。“全总”与“工会”板块主要推送工会新闻，便于职工追踪自己关心的工会动态，了解与自身利益相关的工会政策信息。

除了图文报道，“中工网”功能模块内还有音频、视频、直播等形式丰富的多媒体资源，能够满足不同用户的个性化需求，真正成为亿万职工能用、爱用、勤用的网上家园。

中工网

主要功能

宣传报道以职工、工会、企业新闻为主的大型综合性中央新闻网站。

服务特色

加强思想政治引领，吹响工会“集结号”。在讲好中国工会与中国职工的故事方面，发挥了主流网络阵地的独特作用。

功能详情

内设有“学习”、“时政”、“看点”、“全总”、“工会”等内容板块提供资讯、报道等新闻信息，传播主流声音和权威解读、突出“工”字特色和原创内容，同时设有音频、视频、直播等形式丰富的多媒体资源，为各级工会、企事业单位迎接全媒体时代的内容传播挑战和更好开展工作搭建网上传播平台和服务平台。

亿万职工的网上家园

工会爱心餐

主要功能

面向外卖配送员、快递员、网约车司机、货车司机等新就业形态劳动者提供的专属优惠餐食服务。

服务特色

1 精准性

通过数字身份认证实现服务直达目标群体。

2 便捷性

线上线下双渠道满足多样化需求。

3 可持续性

多方合作保障资源长期稳定供给。

工会爱心餐

温暖新就业

◉ 工会爱心餐

工会爱心餐　温暖新就业

对于奔跑在大街小巷的外卖骑手来说，就餐难、就餐贵成为一种普遍现象。“工会爱心餐”是“职工之家”APP面向外卖配送员、快递员、网约车司机、货车司机等新就业形态劳动者提供的专属优惠餐食服务，由全国总工会联合头部平台企业、行业协会、餐饮商家、公益组织等共同发起，致力于让广大新就业形态劳动者便捷获取“营养、健康、平价”的专属餐饮服务，“吃得好一点，吃得省一点”。

“工会爱心餐”通过“工会补一点、商家让一点、职工出一点”的普惠模式，提供线上线下优惠优质餐食，是工会服务新就业形态劳动者的创新工作品牌。经过数字身份认证的新就业形态劳动者可以登录“职工之家”APP，进入“工会爱心餐”功能模块，点击进入“工会爱心餐专享入口”，即可享用特惠专属套餐。

工会爱心餐，温暖新就业。为了让广大新就业形态劳动者享受放心、安全的就餐服务，全国总工会明确“爱心餐”标准化运营流程，健全满意度评价体系，根据新就业

形态劳动者反馈，及时对参与餐饮企业及餐食进行调整优化，为劳动者提供实实在在的福利，营造尊重关爱新就业形态劳动者的浓厚社会氛围。未来，工会将通过进一步创新服务方式、提升服务质量、扩大服务覆盖面，努力让更多新就业形态劳动者享受包括“爱心餐”在内的各类关怀和温暖。

◉ 天天 415

职守国家安全　工筑人民防线

每年的 4 月 15 日是"全民国家安全教育日","天天 415"是由全国总工会建设打造的国家安全教育职工学习专区，切实提升职工群众国家安全意识和素养，筑牢国家安全人民防线。

"天天 415"功能模块包含"国安课堂"、"政策要闻"、"热门活动"、"每日一题"、"图片纪实"等板块，展示各地职工创意作品，提升职工参与热情，并设置了丰富多彩的线上主题活动功能，助力广大职工在线学习国家安全知识。

"国安课堂"是核心板块之一，展示了从各地精心征集来的丰富视频，包括生动有趣的动画、激情澎湃的宣讲视频、精彩的情景剧、制作精良的宣传片。"政策要闻"板块集纳了党中央关于国家安全的重要决策部署和政策法规，用户可以第一时间了解国家安全方面的最新要求，紧跟国家步伐，深刻理解、主动践行总体国家安全观。"图片纪实"板块汇聚各级工会组织开展国家安全教育宣传的行动实拍，一张张生动活泼的照片、一幅幅创意满满的作品，记录了丰富多彩的宣传活动现场，真实地反映了广大职工群众对国家安全的深刻理解和积极行动，传递着“维护国家安全，人人有责”的强大正能量。此外，“热门活动”、“每日一题”等板块也是亮点纷呈，为大家提供了一个便捷、丰富的学习平台。

职守国家安全，工筑人民防线。我们不仅要在每年的“全民国家安全教育日”关注国家安全，更要在每一天都牢记维护国家安全的使命，为推进中国式现代化行稳致远贡献自己的一份力量！

天天415

职守国家安全 · 工筑人民防线

国家安全教育

主要功能

整合政策法规、视频课程、实践活动等资源，覆盖全国职工群体在线学习，切实提升职工群众国家安全意识和素养，筑牢国家安全人民防线。

功能详情

1 国安课堂

展播情景剧、宣传片、科普动画等视频课程。

2 政策要闻

实时推送国家安全领域法律法规、政策解读及工作部署。

3 热门活动

组织开展职工喜闻乐见的各类活动。

4 每日一题

每日更新国家安全知识问答，强化日常学习与知识巩固。

5 图片纪实

可视化展现全社会参与国家安全教育的实践成果。

职守国家安全

工筑人民防线

学习强会

主要功能

千万工会干部专属的工会智慧学习平台，学习工会知识、掌握业务技能的云助手。

服务特色

聚焦工会干部工作中的焦点、难点、痛点问题，依托中国工人出版社70余年来积淀的海量内容资源，按照知识体系化、资源数据化、业务专题化、培训专业化，提供“知”、“学”、“考”、“用”四大学习场景，打造权威、专业、全面的工会智慧学习平台。

功能详情

用知识让工会更智慧

知 学 考 用

◉ 学习强会

知学考用　用知识让工会更智慧

习近平总书记指出，工会干部要加强学习、增强本领，努力走在时代前列、走在职工群众前列。加强工会干部队伍建设，对于引导广大职工群众坚定跟党走、通过劳动创造更加美好的生活具有重要意义。

学习强会即“学习强会－全国工会知识服务平台”，是“职工之家”APP中的重要功能模块，聚焦工会干部工作中的焦点、难点、痛点问题，依托中国工人出版社70余年来积淀的海量内容资源，按照知识体系化、资源数据化、业务专题化、培训专业化的标准，为广大工会干部提供“知”、“学”、“考”、“用”四大学习场景，打造“权威、专业、全面，创新型、服务型、安全型，随时可学、随时可查、随时可用，有组织、有指导、有管理、有服务”的工会干部专属的工会智慧学习平台，成为工会工作者学习工会知识、掌握业务技能的云助手。

学习强会平台的主要内容分为四大板块：一是资讯信息板块，旨在以“知”为领，提升政治觉悟本领；二是工会视角的内容板块，旨在以“学”为纲，构建工会知识框架；三是着力提高学习效果、检验学习成效的板块，旨在以“考”为进，巩固在线学习成果；四是为解决实际问题提供快捷服务的板块，旨在以“用”为强，打造工会工作云助手。

学习强会自上线以来，深耕服务，精准触达，打造了包含强会专题、强会圆桌、强会课堂、强会书单等栏目。截至 2025 年 4 月，平台注册用户数量突破 363 万人，公众号关注用户数量突破 211 万人，累计开设线上班级近 300 个，为 70 余万名工会干部和职工提素赋能。目前已有百余个主题题库、万余道题目、2000 余节精品课程，课程播放总量近 7000 万次，累计上新工会知识专题 100 余个，直播活动 100 余场，知识专区访问人次超过 2 亿。

◉ 站点采集

利用数字化平台　优化工会驿站服务

“工会驿站 +”是“职工之家”APP 依托地理信息技术开发的一个功能模块，旨在为职工提供包括工会驿站、司机之家等在内的各类工会服务阵地的可视化地图。

为了进一步增强工会干部对于驿站站点的管理，“职工之家”APP 设置了“站点采集”功能模块。工会干部需要采集的信息包括站点名称、地址、联系方式，站点提供的各类服务项目和内容介绍，工作人员的基本信息和职责分

工，以及站点所配备的各类设备和设施信息。工会干部还可以在平台上采集运营数据，包括每日服务的人数、问题解决情况，以及评价反馈意见等，例如服务满意度评价和用户反馈意见。

如何管理好服务站点信息，让各类工会驿站更好地服务于职工群众？广大工会干部可以利用好“职工之家”APP，及时更新站点信息、发布公告，提升系统化管理水平；定期对服务站点进行检查和评估，确保信息的准确性，并不断优化以提升服务品质；建立完善的反馈机制，及时处理和更新站点的反馈信息；定期对服务站点的工作人员进行培训，提高信息管理能力和服务水平；加强数据分析，通过数据分析发现管理中的问题并改进。

站点采集

主要功能

需要采集的信息包括：

（1）基本信息：站点名称、地址、联系方式等。
（2）服务内容：提供的各类服务项目和内容介绍。
（3）人员信息：工作人员的基本信息和职责分工。
（4）设备设施：站点所配备的各类设备和设施信息。
（5）运营数据：每日服务的人数、问题解决情况等。
（6）评价反馈：服务满意度评价和用户反馈意见。

服务特色

广大工会干部可以及时更新站点信息、发布公告，提升系统化管理水平；定期对服务站点进行检查和评估，确保信息的准确性，并不断优化以提升服务品质；建立完善的反馈机制，及时处理和更新站点的反馈信息；定期对服务站点的工作人员进行培训，提高信息管理能力和服务水平；加强数据分析，通过数据分析发现管理中的问题并改进。

利用数字化平台
优化工会驿站服务

会籍管理

主要功能

基层工会组织员用来发展会员。可以出示工会入会码，审批职工会员入会转会申请。基层工会管理员可以使用会员核实功能核实组织员审批的职工入会信息。

一站式发展

管理工会会员

功能详情

出示工会入会码：点击工会入会码后，会生成一个本组织的入会二维码，可以直接出示给职工，也可以保存打印提供给职工。

审批管理：入会审核页面可以审批职工通过填报入会和扫码入会提交的入会申请。转会审核页面可以审批会员通过填报转会和扫码转会提交的转入申请（转出无需审核）。

会员管理：可对通过APP申请入会、转会的会员信息进行管理，可对会员进行保留会籍和恢复会籍的操作，在转出会员列表还能查看会员转出的记录。

◉ 会籍管理

一站式发展、管理工会会员

“会籍管理”是基层工会组织员用来发展和管理会员的功能模块。该模块主要有三个方面的具体功能：出示工会入会码、审批管理和会员管理。

在“职工之家”APP内，组织员点击工会入会码后，会得到一个本组织的入会二维码，既可以将该码直接出示给职工，也可以保存打印后提供给职工，方便职工扫码入会。在审批管理功能中，组织员可以在“入会审核”页

面审批职工通过填报入会和扫码入会提交的入会申请。在“转会审核”页面，组织员可以审批会员通过填报转会和扫码转会提交的转入申请（转出无需审核）。会员管理功能可实现对通过“职工之家”APP 申请入会、转会的会员信息进行管理，还能对会员进行保留会籍和恢复会籍的操作，在“转出会员”列表中，工会干部还能查看会员转出的记录。

依托“职工之家”APP，广大基层工会干部可以方便、快捷、高效地对会员入会转会进行管理审核，极大地提升了工会服务的便捷性和吸引力。对职工来说，动动手指就可以找到“娘家人”；对于工会干部来说，动动手指就可以打开“娘家门”。

◉ 工会入驻

入驻 APP　向工会数智化迈进

“工会入驻”是为基层工会负责人提供的签发组织证的功能模块，组织证持有者可以直接管理本工会的会员，也可以邀请组织员来协助管理。

基层工会组织入驻方式分为两种，第一种是对于持有《工会法人资格证书》或《工会统一社会信用代码证书》的组织，可以通过“职工之家”APP 首页右上角的数字身份进入数字身份卡包，点击“申请工会组织身份证明”并提交提示的材料，系统会自动比对工会法人数据库，比对成功后即可自动签发组织证。第二种是对于没有《工会法人资格证书》或《工会统一社会信用代码证书》的组织，可以通过“职工之家”APP 的“工会入驻”功能提交入驻申请。在申请过程中，需要填写组织的基本信息，并上传相关的证明材料。上级工会会对申请进行在线审批，通过后，系统会为申请人生成一个基层工会组织数字身份凭证，正式将该组织纳入系统管理。

“职工之家”APP 是工会服务职工的创新之举，也是

提升工会组织服务意识、能力水平的重要工具。通过入驻“职工之家”APP，各级工会组织可以进一步增强工会组织的凝聚力和吸引力，向着数字化、网络化、智能化迈出坚实一步。

工会入驻

主要功能

为暂无工会法人资格证书的基层工会提供的入驻方式。基层工会提交入驻申请后，经上级工会审核后方可入驻。

功能详情

有《工会法人资格证书》或《工会统一社会信用代码证书》的组织，可以进入数字身份卡包，点击“申请工会组织身份证明”并提交提示的材料，系统会自动比对工会法人数据库，比对成功后即可自动签发组织证。没有以上两项证书的组织，可以通过APP的“工会入驻”功能提交入驻申请。上级工会会对申请进行在线审批，通过后，系统会为申请人生成一个基层工会组织数字身份凭证，正式将该组织纳入系统管理。

组织员管理

主要功能

基层工会负责人用于发展组织员。可以出示组织员申请码和审批组织员申请，基层工会工作人员扫码后，经基层工会负责人审批后成为组织员。

扫码成为组织员

高效便捷

功能详情

工会干部只需要扫描“组织员申请码”，确认本人信息无误后即可成功提交成为该基层工会的组织员的申请。申请提交后，由该组织的基层工会负责人进行审核。审核通过后，申请人将获取数字身份卡包的组织员凭证，正式成为基层工会组织员。成为组织员后，工会干部可以继续依托 APP 进行会员管理等操作。

◉ 组织员管理

高效便捷　扫码成为组织员

工会组织员是工会组织的中坚力量，主要负责组建工会、发展会员，加强基层工会规范化建设并依法维护职工权益等工作。工会干部可以在“职工之家”APP中通过“组织员管理”功能提交成为组织员的申请。在这一步骤中，用户无需填写信息，只需要扫描“组织员申请码”，确认本人信息无误后即可成功提交申请。申请提交后，由该组织的基层工会负责人进行审核。审核通过后，申请人将获取数字身份卡包的组织员凭证，正式成为基层工会组织员。

成为组织员后，工会干部可以继续依托“职工之家”APP进行会员管理等操作。例如，组织员可以通过“职工之家”APP的“会籍管理”功能模块查看所有提交的入会/转会申请。每个申请都会显示详细的申请信息，组织员可以根据实际情况进行审核。审核通过后，系统会更新相关信息，并通知申请人结果。整个过程高效透明，确保每个申请都能及时得到处理。

“职工之家”APP为广大工会干部开展工作提供了便利，对于工会组织团结职工、服务凝聚职工、维护帮助职工带来了创新性变革，能够真正高效、实时、精准地为广大职工群众提供更直接、更精准、更普惠、更便捷、更暖心的服务，让职工切实感受到工会“竭诚服务职工”。

◉ 全国产业工会专区

全方位展现产业工会动态成果

“职工之家”APP 中的“全国产业工会专区”是一个集多功能于一体的综合性专区，旨在深度服务各产业职工及工会工作者。打开 APP 首页，用户向下滑动即可找到专区入口。专区精心设计 8 大板块，涵盖产业工会、特色活动、产业资讯、劳模工匠、创新创造、技能竞赛、工匠学院、福利保障，致力于全方位展现产业工会动态与成果。

值得注意的是，专区为中华全国铁路总工会、中国民航工会、中国金融工会、中国教科文卫体工会、中国海员建设工会、中国能源化学地质工会、中国机械冶金建材工会、中国国防邮

电工会、中国财贸轻纺烟草工会、中国农林水利气象工会等 10 大全国产业工会设立了独立页面入口，通过图文、视频、直播等多种形式，实时更新各产业工会的最新资讯和精彩活动，让每位职工都能深入了解自己所在行业的工会动态，有针对性地获取信息，增强对工会的归属感和认同感。

在功能方面，专区不仅具备图文展示、视频音频播放等基础功能，还创新性地推出了云直播、云课堂等特色功能，实现了直播互动、在线学习、资源共享等多元化体验。与此同时，专区持续推出了多样化线上活动，如抽奖、答题、每日学习等，旨在满足职工多样化的需求，不仅能让职工领略到劳模工匠的风采，还能激发职工的创新创造能力、提高专业技能水平，助力职工不断提升综合素质。

全国产业工会专区

主要功能

致力于全方位展现产业工会动态与成果，深度服务各产业职工及工会工作者。

服务特色

让每位职工都能深入了解自己所在行业的工会动态，有针对性地获取信息，增强对工会的归属感和认同感。

全方位展现产业工会
动态成果

功能详情

1 **涵盖8个板块**
产业工会、特色活动、产业资讯、劳模工匠、创新创造、技能竞赛、工匠学院、福利保障

2 **10大产业工会**
为全国10大产业工会设立独立页面入口，实时更新各产业工会的最新资讯和精彩活动

3 **多元化体验**
提供直播互动、在线学习、资源共享等多元化体验

4 **线上活动**
持续推出多样化线上活动

工途

VR游览工运展馆 看见历史的力量

主要功能

作为全国职工爱国主义教育基地数字孪生展馆，设置了“游展馆”、“看展品”、“览路线”、“学知识”、“乐活动”等板块，形成聚合全国百个红色工运资源的线上专区。

服务特色

1. 数字孪生全景展馆

实景复刻红色工运资源，支持全景漫游还原文物细节及展馆展陈。

2. 沉浸式互动学习

通过VR技术实现“穿越式”历史体验。

3. 在线主题活动

支持线上VR探馆、知识比拼、游学分享等活动。

◉ 工途

VR 游览工运展馆　看见历史的力量

“工途”是“职工之家”APP 中提供 VR 游览工运展馆功能的红色工运资源线上学习专区。“工途”专区通过 3D 实景复刻技术，按照 1∶1 的比例，将党领导的中国工人百年运动史从线下展馆延伸到线上云端，实现多角度、多细节、原汁原味观看展馆展陈，引领广大职工群众和工会干部赓续红色血脉、汲取奋进力量。

“工途”专区设置“游展馆”、“看展品”、“览路线”、“学知识”、“乐活动”等板块，涵盖 1 万余张工运历史相关的珍贵照片、1000 余条浏览路线、200 余个视频学习资料、知识题库 400 余关、展陈专题近 200 组，实现了红色工运资源的线上可学、可感、可知、可及。

专区聚合了全国百个红色工运资源，按照“工运历程”、“工运领袖”、“工匠劳模”、“工业发展”、“伟大精神”进行分类。点击进入展馆详情页面，展馆位置、交通线路、开放时间等基本信息一览无余，用户点击展馆主图即可借助 VR 技术实现线上游览。游览结束后，用户还可以通过参与答题闯关、探索馆藏珍品，拓展知识，融学于趣。“工途”专区持续开展“中国梦·劳动美”点亮中国红色工运地图活动。为庆祝全国总工会成立百年，“工途”专区开展“VR展馆

里的‘中国工人大思政课’”活动，借助专区红色工运资源，让旧址遗迹成为“教室”，让文物史料成为“教材”，让劳动模范成为“教师”，深入挖掘文物背后的党史和工运史。通过“红色足迹：中国工会从这里走来”、“薪火相传：展馆里的工运故事”等不同主题的线上活动，联动全国各省市工会重走百年建会路，进一步创新职工思想政治引领宣传形式，丰富职工线上学习内容。

工途，看见历史的力量。作为内容丰富、形式活泼的红色工运资源线上学习专区，“工途”旨在团结引导广大职工铭记奋斗历程、传承红色基因、凝聚复兴伟力，坚定不移听党话、矢志不渝跟党走。

◉ 矩阵

动动手指　一键定位地方频道 + 产业工会

工会作为维护劳动者权益的重要力量，其组织结构形式多种多样。为了让广大职工群众快速找到“娘家”入口，“职工之家”APP 设置了“矩阵”功能模块，用户滑至“首页”最底部或者点击左侧的“矩阵”，即可进入页面。

“矩阵”页面内有两大板块，即地方频道和产业工会。地方工会是在特定地域范围内设立的工会组织形式，例如省级工会、市级工会等。地方工会能将同一地域的劳动者组织起来，发挥地域优势，协调解决当地劳动者的权益问题。“矩阵”内设置有 32 个地方频道，目前绝大部分地区都已开通专区平台，用户点击所在地频道，即可进入对应工会专区，了解最新鲜的地方工会政策动态，享受最贴合实际的地方

工会服务，如参与本地区的招聘活动、互助保障项目等。

产业工会是根据行业特点和产业发展需求而设立的工会组织形式，如铁路工会、民航工会等。产业工会以行业为纽带，将同行业内的劳动者团结在一起，共同维护自身权益，推动行业发展。目前“矩阵”内部已入驻了中华全国铁路总工会、中国民航工会、中国金融工会、中国教科文卫体工会、中国海员建设工会、中国能源化学地质工会、中国机械冶金建材工会、中国国防邮电工会、中国财贸轻纺烟草工会、中国农林水利气象工会等 10 大全国产业工会，用户点击所属产业工会，即可进入对应页面。页面内设置了即时的产业要闻资讯栏目、丰富的职工创新创造成果栏目以及劳模工匠、创新工作室展示介绍等。

“矩阵”功能模块的设置有效提高了工会服务的针对性和精准度，有利于各级工会真正做好广大职工群众的“娘家人”，让职工群众更有获得感、幸福感。

矩阵

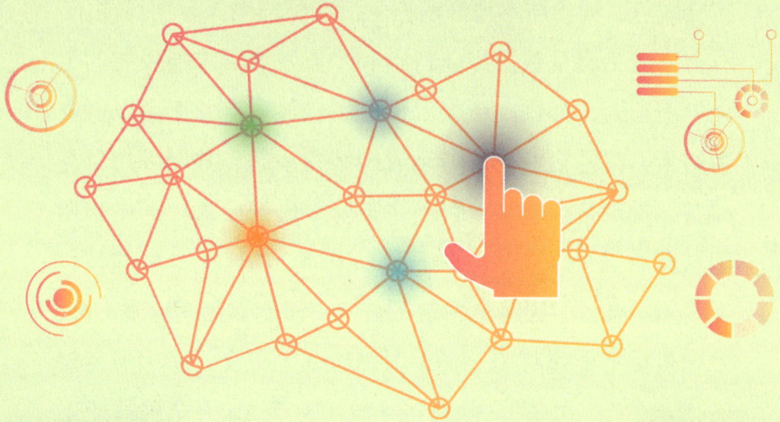

动动手指 一键定位

地方频道+产业工会

主要功能

了解地方和产业工会政策动态，享受工会服务。

服务特色

有效提高了工会服务的针对性和精准度，有利于各级工会真正做好广大职工群众的“贴心人”，让职工群众更有获得感、幸福感。

功能详情

用户滑至“首页”最底部或点击左侧的“矩阵”，即可进入功能模块。

页面内有两大板块：地方频道和产业工会。绝大部分地区都已开通专区平台，用户点击所在地频道，即可进入对应工会专区；已入驻10大全国产业工会，内设有产业要闻资讯栏目、职工创新创造成果栏目，以及劳模工匠、创新工作室展示介绍等。

图书在版编目（CIP）数据

带你漫游“职工之家”APP ： 2025年修订版 / 本书编写组著. -- 北京 ： 中国工人出版社，2025. 4.

ISBN 978-7-5008-8723-2

Ⅰ. D412.6

中国国家版本馆CIP数据核字第2025FJ4810号

带你漫游“职工之家”APP（2025年修订版）

出 版 人	董　宽
责任编辑	陈晓辰
责任校对	张　彦
责任印制	黄　丽
出版发行	中国工人出版社
地　　址	北京市东城区鼓楼外大街45号　邮政编码：100120
网　　址	http://www.wp-china.com
电　　话	（010）62005043（总编室） （010）62005039（印制管理中心） （010）62001780（万川文化出版中心）
发行热线	（010）82029051　62383056
经　　销	各地书店
印　　刷	北京市密东印刷有限公司
开　　本	787毫米×1092毫米　1/32
印　　张	3.375
字　　数	60千字
版　　次	2025年4月第2版　2025年10月第3次印刷
定　　价	16.00元
